RÉPONSE

AUX LETTRES DE MM. MOLINOS ET A. C....

SUR

LA SITUATION POLITIQUE

PAR

UN BON PROPRIÉTAIRE.

PRIX : 50 CENTIMES.

SOISSONS,

IMPRIMERIE ET LITHOGRAPHIE DE ED. LALLART,

Directeur du *Progrès de l'Aisne*.

1871.

I.

Dans une *Lettre aux Electeurs de l'Aisne*, M. Molinos, ingénieur à Tavaux, vient de publier, sur la situation actuelle, quelques considérations empreintes d'un vif sentiment patriotique, et qui, pour la plupart, révèlent un esprit juste et sincère.

La *décentralisation* communale et provinciale, le suffrage à deux degrés, et l'indépendance assurée aux tribunaux, telles seraient, suivant M. Molinos, les plus urgentes réformes à accomplir dans le domaine *civil* et *administratif*.

Sous le rapport *politique*, deux Chambres, l'une désignée directement par les Electeurs, l'autre choisie par les Conseils généraux, exerceraient concurremment *les pouvoirs législatif et constituant*.

Pour être électeur, il faudrait justifier d'une certaine instruction acquise dans des écoles gratuites et obligatoires.

Quant au *chef du pouvoir exécutif*, il importe peu à M. Molinos qu'on l'appelle roi ou président et qu'on le nomme de telle ou telle manière, pourvu que, dans tous les cas, sa fonction soit strictement restreinte.

Le *Journal de l'Aisne* du 17 avril 1871, a publié un remarquable article dans lequel M A. C****** a formulé son adhésion aux idées de M. Molinos, en exprimant, toutefois, le désir de voir la République définitivement établie, avec une Assemblée unique désignée pour trois ans par le suffrage universel à deux degrés, et nommant le Chef du pouvoir exécutif placé sous sa dépendance et révocable par elle. On élirait de la même manière et aux mêmes conditions, le maire dans les municipalités, le préfet dans les conseils généraux. Enfin, la magistrature judiciaire serait élective comme les députés.

II.

Le système de M. Molinos pourrait s'appeler *l'indifférentisme en matière de souveraineté*.

Celui de M. A. C******, connu sous le nom de *Souveraineté du Peuple*, n'est qu'un retour aux temps reculés où les Athéniens pouvaient, au gré de leur caprice, acclamer le fastueux Alcibiade, après avoir proscrit Aristide le Juste.

L'une et l'autre de ces doctrines n'a en vue que *la liberté*, et oublie ou supprime complétement *l'autorité*.

Or, si la liberté règne seule, elle agite les peuples; elle fait et défait les pouvoirs; en un mot, elle dégénère en *licence* et empêche *le progrès* qui s'arrête là où commence le désordre.

L'autorité, tenant ici-bas la place de « celui de qui relèvent les empires (1), » est indispensable pour assurer la première des conditions du progrès, *l'ordre*, qui n'est autre chose que la subordination graduelle de tous les pouvoirs au Souverain, et du Souverain à Dieu.

Il faut que ces deux puissances également nécessaires, l'Autorité et la Liberté, se trouvent toujours en présence, afin qu'une lutte courtoise et réglée, les oblige à ne jamais dépouiller l'armure de la justice et *du droit*.

Le Droit est le sentiment inné du Bien. Par conséquent, toute institution, toute loi qui est en conformité avec la conscience universelle, constitue *un droit*, c'est-à-dire « une force morale contre laquelle la force physique ne peut prévaloir (2). »

La volonté du grand nombre, exaltée par l'école révolutionnaire, ne peut par elle-même créer un droit qui s'écarte des règles indiquées par la conscience de chacun.

(1) Bossuet.
(2) Ozanam.

En effet, de même qu'une majorité de hasard ne pourrait ni changer une vérité scientifique, ni imposer des idées absurdes, de même elle n'a pas le pouvoir d'arracher les biens, d'ôter la vie, de *faire du droit*.

L'Autorité, qui est *le droit de commander* aux autres, ne saurait, non plus qu'un droit quelconque, résulter d'un fait purement humain. Comme tout ce qui est essentiellement nécessaire à l'existence des Sociétés, elle a son origine dans *le droit naturel*.

« L'Autorité — a dit excellemment un illustre orateur —
« l'Autorité vient de la création. Tout ce qui est créateur est
« *auteur ;* et tout ce qui est auteur a une *autorité ;* il a l'auto-
« rité sur ce qu'il a produit. Dieu est dans le sens très-rigou-
« reux l'autorité unique, parce qu'il est dans le sens très-rigou-
« reux le créateur unique. L'homme associé à sa puissance de
« créer devient lui aussi autorité dans la mesure où il devient
« créateur... Cette puissance qui investit un homme pour créer
« ou restaurer une société, est essentiellement une puissance
« morale (1). »

Clovis est vainqueur à Tolbiac dans des circonstances merveilleuses ; il fonde la nation franque et, en sa qualité de fondateur, il a l'autorité sur cette nation, comme un père sur ses enfants. La reconnaissance des peuples conserve aux descendants de Clovis, la fonction royale qu'il avait méritée avec le secours de Dieu, et, tant qu'ils n'en seront pas devenus indignes, ces successeurs règneront sur le pays constitué par leur ancêtre.

Les aïeux de Charlemagne et lui surtout, relèvent, restaurent la Nation abattue et divisée ; ils en deviennent les seconds fondateurs, et, par cela même, ils sont les pères de la seconde race qui gardera le trône jusqu'à la destruction complète de l'œuvre carlovingienne : *Cessante causâ, cessat effectus* (2).

_____

(1) Le R. P. Félix, — *Du Progrès social par l'Autorité*, p. 10.
(2). Le royaume n'existait plus : « Où il n'y a plus rien, le roi perd ses droits.

Robert de France et son fils, Hugues-Capet, paraissent alors sur la scène de l'histoire ; ils trouvent les hommes en lutte, les choses en ruine, le peuple dans la misère ; par une puissance que Dieu leur a communiqué, ils unissent les hommes, ils restaurent toutes choses, ils font une société nouvelle et lui donne le beau nom de *France* ; ces hommes sont les troisièmes titulaires de *l'autorité française*.

Leurs descendants ont conservé et agrandi cette société, et, leurs droits propres s'ajoutant ainsi à leurs droits de successeurs, ils ont formé dans la suite des siècles, cette incomparable série de nos Rois qui firent de la France la première des Nations, parcequ'elle était la fille aînée de l'Eglise.

Par une réciprocité providentielle, ces Rois aimaient naturellement leur pays, comme des enfants aiment la maison construite par leur père, et, grâce à cette affection, ils savaient *se dévouer* à leur peuple.

Le *dévouement* est le contraire du *despostisme égoïste*.

Aussi voyons-nous que, dans la solennité du Sacre qui donnait à leur autorité le signe du droit de Dieu, nos Rois faisaient l'inviolable serment de vouer cette royauté venue de Dieu, au service des hommes ; et, malgré des défaillances inévitables et partielles, cette race choisie n'a jamais cessé de répondre à sa vocation généreuse : exercer le pouvoir de Dieu pour le bonheur du peuple.

De son côté, le peuple n'avait pas de peine à obéir, parcequ'il était persuadé que le Roi dans son Domaine représentait l'autorité de Dieu, et qu'il était le premier et principal intéressé à la *chose publique* (*res publica*). Aujourd'hui encore, dans les jours de calamité, on invoque le Dieu de Clovis, de Charlemagne et de St-Louis !

Cette tradition de l'autorité par droit de naissance, dérivant d'une origine où le doigt de Dieu s'est révélé avec éclat, n'existe point chez les nations qui, comme la Suisse ou les Etats-Unis,

sont nées tout-à-coup, par un effort collectif et spontané. Toutefois, l'autorité n'y dérive jamais d'une force purement *matérielle*.
« Les fondateurs de la grande République américaine — selon
« mistress Beecher Stowe — furent des pasteurs qui lui assignè-
« rent le *Dieu* du Ciel et de la Terre pour *Souverain effectif et*
« *réel* (1). » — C'est en basant leur pouvoir sur ce principe
spiritualiste, que Washington et Lincoln ont pu faire de grandes
choses.

Sans cette croyance, sans cette sorte de foi, qui assure le culte
de l'autorité, tout pouvoir politique est impossible, et il faut en
venir au système de Proudhon qui, voulant faire de *l'autorité
sans Dieu*, proclama logiquement *l'anarchie*.

Le contraire de l'anarchie étant l'autorité, et, en France,
l'autorité dérivant de l'hérédité, il est vrai de dire que les
successeurs de Hugues-Capet sont *de droit*, souverains de la
nation et gardiens de l'ordre public.

D'ailleurs, indépendamment de la question de droit, le principe
d'hérédité serait encore préférable, parcequ'il est un moyen
commode d'éviter une révolution à chaque vacance du Trône.

III.

Mais, quels que soient sa forme et son nom, le Pouvoir
suprême ne doit absorber ni le pouvoir judiciaire, ni le pouvoir
administratif, attendu que là où ces pouvoirs subordonnés ne
sont que des machines pour accomplir les volontés du Souverain,
le despotisme règne. Témoins, les Césars avec leurs proconsuls,
les Sultans avec leurs pachas, les Bonaparte avec leurs préfets.

MM. Molinos et A. C..... ont donc mille fois raison de
désirer la fin de la centralisation, qui n'est qu'une invention
païenne, inaugurée par les Césars et perfectionnée par les
Jacobins.

(1) *La Fiancée du Ministre*, ch. XVI. — Traduction de M. de L'Espine.

Il est, en effet, hors de doute que la liberté politique, « qui est pour chacun le droit de faire le bien (1) », ne peut exister sans la liberté de la famille, de la cité et de la province.

Le Pouvoir suprême doit se réserver les *fonctions publiques*, c'est-à-dire celles qui ont trait au commandement et à la justice.

Les *fonctions civiles* sont le propre de la cité et de la province, parcequ'elles impliquent l'idée de mandat.

Enfin, le chef de famille doit conserver la plénitude de la puissance paternelle, pour l'éducation de ses enfants et pour la disposition de ses biens.

IV.

Afin que ces diverses fonctions civiles soient respectées, il faut qu'une autorité supérieure leur communique sa force et son prestige, comme le soleil sa lumière aux planètes. Il est donc nécessaire que le Pouvoir suprême ait une origine plus haute que celle des pouvoirs subordonnés, et, pour cela, il doit être placé au-dessus des compétitions et des votes.

De quel droit, en effet, l'homme choisi par quelques-uns, s'imposerait-il à tous? Celui qui ne l'aura pas élu, ne le reconnaîtra pas! C'est ce qu'a fait la Commune de Paris à l'égard de l'Assemblée nationale, et c'est ce que pourrait faire demain la gauche, en proclamant M. Louis Blanc, président de la République, et en se séparant de la majorité.

Le *radicalisme* qui consacre la puissance matérielle du nombre, crée ainsi fatalement la guerre civile; et, à chaque renouvellement du chef du pouvoir, il se produirait dans les affaires, un temps d'arrêt bien autrement coûteux qu'une cour, même la plus prodigue. Qu'on se souvienne de la stagnation du commerce et de l'industrie pendant les périodes plébiscitaires du second Empire. D'ailleurs, *le Peuple* n'étant qu'une personne fictive,

(1) *Ubi spiritus Domini, ibi libertas.* — St Paul. II Corint., 8.

admettre le principe de la souveraineté populaire, c'est procla-
mer l'absence de tout pouvoir souverain ; c'est substituer le
droit de la force à la force du droit; c'est, sous le prétexte d'arracher le pays à la tyrannie d'un seul, le livrer à la pire des
tyrannies, la tyrannie de tous.

La plus triste des applications de ce système, consisterait à
faire élire les juges par les justiciables. On tremble à la seule
pensée d'un prévaricateur qui serait réélu et qui reviendrait
siéger en vertu de ce sophisme, posé en axiome par J.-J. Rous-
seau : « Le peuple n'a pas besoin d'avoir raison! » Le juge
exerce un vrai sacerdoce, il remplit par *délégation* la plus redou-
table et la plus belle des attributions du Souverain; il doit donc
être, sinon délégué, du moins *institué* par le Pouvoir Suprême,
afin de se rappeler toujours que la souveraineté vient d'en Haut,
c'est-à-dire de Dieu qui jugera les sentences humaines et qui ne
permet « ni de violer le droit ni de biaiser sur le devoir (1). »

V.

Quant au suffrage universel, à un ou plusieurs degrés, dont
on voudrait faire une panacée sociale, il n'est qu'un pauvre
expédient qui dispense les élus de la justice et les électeurs du
sens commun. En France, notamment, ce système constitue *un
moyen, non un principe de Gouvernement.*

En vain, on a voulu enseigner le contraire, sans le nom men-
songer de « Principes de 89! » Ceux qui l'ont dit avaient tort,
ceux qui l'ont cru se sont trompés. Si 89 était un principe, il
nous préserverait de l'anarchie, et il se séparerait nettement
de 93 avec lequel il n'a pas cessé de se confondre en définitive.
Si 89 était une base solide, il n'en serait pas réduit à mendier
toujours l'appui de 93, et l'on n'aurait pas vu — affligeant spec-

(1) *Préface des Sermons du P. Ventura*, par M. Louis Veuillot.

tacle ! — des hommes comme Lamartine et Jules Favre obligés de mettre leur main dans la main de MM. Ledru-Rollin et Henri Rochefort.

Un pouvoir souverain voté à la majorité des voix et destituable à volonté, ne repose que sur un principe factice et ne peut ni avoir une autorité suffisante, ni la communiquer aux pouvoirs subordonnés. Il oscille fatalement entre le despotisme byzantin des Bonaparte et les saturnales du Comité de salut public (1).

Le principe d'hérédité, résultant de conditions telles que les hommes ne peuvent les contester, est plus stable, partant plus propre à assurer l'ordre ou — ce qui est la même chose — le progrès.

Et qu'on ne craigne pas de détruire la liberté, en plaçant si haut le principe d'autorité. Ne voyons-nous pas un républicain rouge mais sincère, M. Langlois, député de Paris, forcé de reconnaître à la tribune que l'Assemblée de Versailles, qui est aux trois quarts *monarchiste* ou *légitimiste*, est « *l'Assemblée la plus libérale qui ait existé en France* (2). » Et, si du présent on remonte dans le passé, ne découvre-t-on pas que, sous ce principe tutélaire, le XIIIᵉ siècle fut le siècle le plus libre et le plus beau de notre histoire et peut-être de l'histoire du monde !

Car ce n'est plus un paradoxe, même pour les esprits les plus infatués de la Révolution, d'affirmer que le moyen-âge avait, bien plus que notre temps, l'intelligence et la pratique de la liberté.

« Il y avait, — dit Augustin Thierry, — il y avait chez nos « ancêtres, cantonnés dans leurs mille petits centres de *liberté*, « des mœurs fortes, des vertus *publiques*, un dévouement naïf et « intrépide à la loi commune et à la cause de tous ; surtout ils « possédaient à un haut degré cette qualité du vrai citoyen et de

(1) Lettre de Mgr le comte de Chambord, du 8 mai 1871.
(2) Séance du 8 avril 1871.

« l'homme politique qui nous manque peut-être aujourdhui, et
« qui consiste à *savoir nettement ce qu'on veut.* » Et M. Laboulaye, après avoir cité ce passage du savant historien des temps mérovingiens, ajoute : « Non, certes, *l'amour de la liberté n'est*
« *pas né d'hier en France,* et les principes de 1789 sont le ré-
« sultat de six siècles d'épreuves, et non pas le vain rêve de
« quelques théoriciens politiques. *Nos pères se sont toujours*
« *glorifiés d'être nés dans un pays de franchises;* ils ont voulu
« la liberté plus sérieusement que nous (1). »

« Il importe, — écrivait Mme de Staël en 1816, — il importe
« de répéter que c'est la liberté qui est ancienne et le despo-
« tisme qui est moderne. » Ce fait paraît au-dessus de toute dis-
cussion quand on voit, depuis 1789, tous les régimes, — sauf
« les fécondes et nobles années de la Restauration (2) » — s'a-
giter dans une agonie continuelle et tomber sous des ruines.

VI.

L'histoire de nos pères est un exemple : reprenons leurs tra-
ditions, et revenons au lendemain du 4 août 1789, lorsque l'éga-
lité de tous devant la loi et l'abolition des priviléges ayant été
décrétées, il ne restait plus qu'à dépouiller ces admirables *cahiers
des Etats provinciaux,* où se trouvent les *vrais principes de 89,*
et, peut-être, le dernier mot des améliorations possibles.

Aujourd'hui, comme alors, il faut placer au sommet, — véritable couronnement de l'édifice, — un roi héréditaire, choisi,
suivant l'ordre de la coutume salique, dans cette antique race
à laquelle la *création du royaume* et une possession glorieuse ont

(1) *Journal des Débats.* — Année 1857.

(2) M. le comte de Falloux, — *Vie de Madame Swetchine,* t. I, p. 333.

conféré, comme un droit (1), *la charge royale*. Son chef actuel est si digne de cette succession, qu'on a pu, sans flatterie, dire de lui qu'il est « la dignité faite homme. »

Au second degré de la hiérarchie, une Chambre des Pairs inamovible, ayant dans ses attributions le pouvoir constituant et les rapports sur les pétitions. Nommée une première fois par le Souverain, cette Chambre se recruterait ensuite par ses propres choix, au fur et à mesure des vacances, comme l'Institut

Au-dessous, une Chambre des députés issue du suffrage à deux degrés, et à laquelle serait exclusivement réservé le vote des lois et de l'impôt.

Puis, des Conseils provinciaux ou départementaux, choisissant les préfets; enfin, des conseils municipaux désignant les maires et les divers agents de la commune.

Réduits au rôle de mandataires, nommés et révocables par leurs mandants, les maires et les préfets deviendraient de simples administrateurs, n'ayant plus aucun rapport avec le Pouvoir exécutif dont les attributions seraient confiées à des gouverneurs de province ou de département, ayant sous leurs ordres des commissaires cantonaux. Ces agents du pouvoir suprême seraient à la nomination du Souverain, ainsi que les titulaires des grades militaires et des charges de justice ou de finances.

Quant au droit de suffrage, qui s'exercerait *à deux degrés* pour l'élection des députés, et *directement* pour celle des conseils locaux, il devrait être conféré d'après un *cens* très-modéré et non point d'après l'*instruction* qui est toujours *utile*, mais qui, pour devenir *bonne*, a besoin d'être *complète*. Un peu d'instruction, — a-t-on dit justement, — éloigne de Dieu, beaucoup de science ramène à lui. Ce furent des *demi-savants* qui dirigèrent la

(1) Par la prescription que les jurisconsultes appellent la « patronne du genre humain. »

Commune de Paris dans les premiers moments, et qui procla-
mèrent ce règne du *prolétariat éclairé* si voisin de l'état de na-
ture !

VII.

La Révolution, en voulant détruire l'Autorité, n'a fait qu'en
fausser le principe. De là, le despotisme, tantôt d'un seul, tantôt
de la multitude, qui a causé tous nos désastres et nous a, enfin,
réduits à cette intolérable situation où nous sommes et qui ins-
pirait naguère à l'éloquent évêque d'Orléans, cette triste et trop
juste parole : « La France est à refaire ! » (1).

Hâtons-nous donc, suivant le conseil d'un courageux et cé-
lèbre publiciste, « d'enterrer dans la chaux, le cadavre de la
Révolution » (2).

N'imitons pas jusqu'au bout la malheureuse Pologne, et, avant
qu'il soit trop tard, revenons à la monarchie légitime et héréditaire, avec une sage liberté et une véritable décentralisation.

Ainsi rentrés dans l'ordre, nous verrons renaître les vertus
publiques, car, comme l'a dit le grand poëte catholique, « la
corruption des mœurs a son origine dans la corruption des lois
et des pouvoirs » (3).

(1) Mgr Dupanloup, *Lettre aux honnêtes gens sur le devoir dans les
élections.* .
(2) M. Louis Veuillot.
(3) Dante, *Purg.*, XVI.

www.ingramcontent.com/pod-product-compliance
Lightning Source LLC
Chambersburg PA
CBHW060737280326
41933CB00013B/2676